Impressum
Verlag: BABADADA GmbH, Nedderfeld 112 , 22529 Hamburg
Geschäftsführer / Verlagsleitung: Harald Hof
Druck: Books on Demand GmbH, In de Tarpen 42, 22848 Norderstedt

Imprint
Publisher: BABADADA GmbH, Nedderfeld 112 , 22529 Hamburg, Germany
Managing Director / Publishing direction: Harald Hof
Print: Books on Demand GmbH, In de Tarpen 42, 22848 Norderstedt

school

School

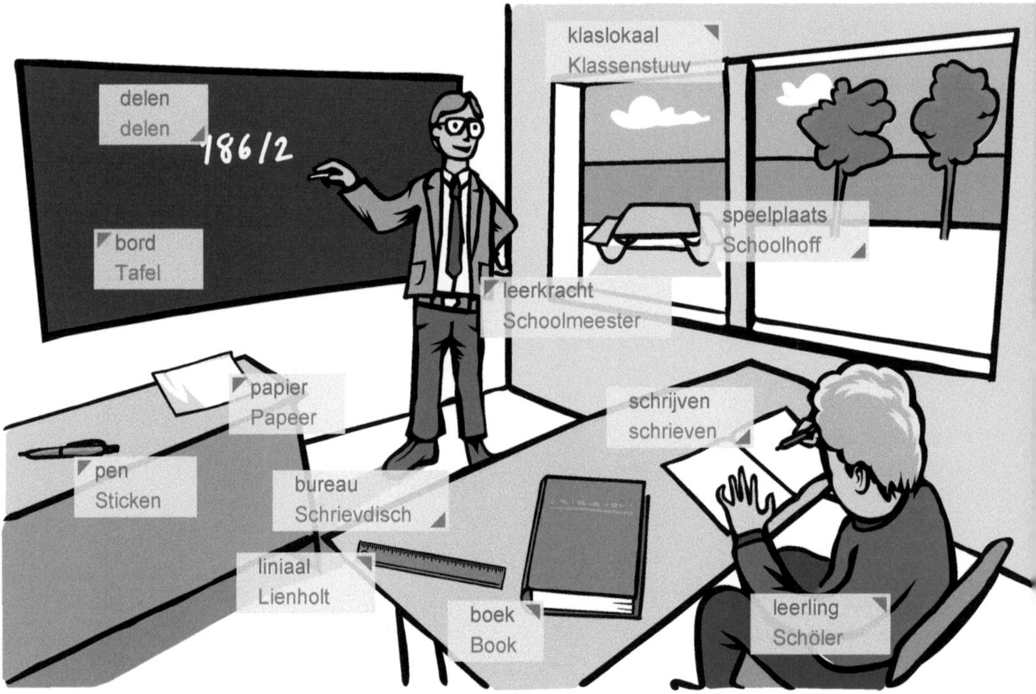
klaslokaal
Klassenstuuv
delen
delen
186/2
bord
Tafel
speelplaats
Schoolhoff
leerkracht
Schoolmeester
papier
Papeer
schrijven
schrieven
pen
Sticken
bureau
Schrievdisch
liniaal
Lienholt
boek
Book
leerling
Schöler

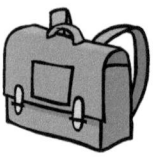

schooltas
Ranzel

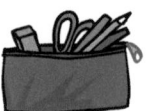

pennenzak
Feddermapp

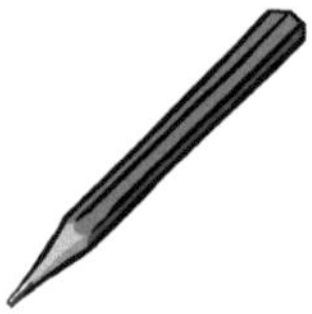

potlood
Bleesticken

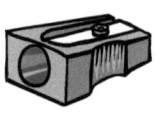

puntenslijper
Scharpmaker

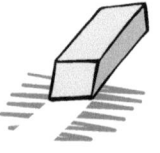

gom
Radeergummi

tekenblok
Tekenblock

tekening

Teken

verfborstel

Pinsel

verfdoos

Malkassen

schaar

Scheer

lijm

Klever

werkboek

Heft to'n Öven

huiswerk

Huusopgaav

12

nummer

Tall

2+2

optellen

tohooptellen

5-2

aftrekken

aftrecken

2×2

vermenigvuldigen

malnehmen

rekenen

reken

A

letter

Bookstaav

ABCDEFG HIJKLMN OPQRSTU VWXYZ

alfabet

ABC

woord

Woort

tekst

Text

Lezen

lesen

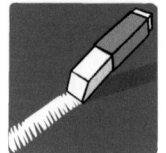

krijt

Kried

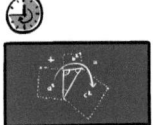

les

Stunn

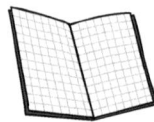

klassenboek

Klassenbook

examen

Pröven

certificaat

Tüügnis

schooluniform

Schooluniform

onderwijs

Utbillen

encyclopedie

Nakieksel

universiteit

Universität

microscoop

Mikroskop

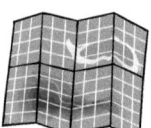

kaart

Koort

papiermand

Papeerkorf

reis
Törn

hotel
Hotel
Grand
jeugdherberg
Harbarg
ROOMS
wisselkantoor
Wesselstuuv
CHANGE
koffer
Kuffer
auto
Auto

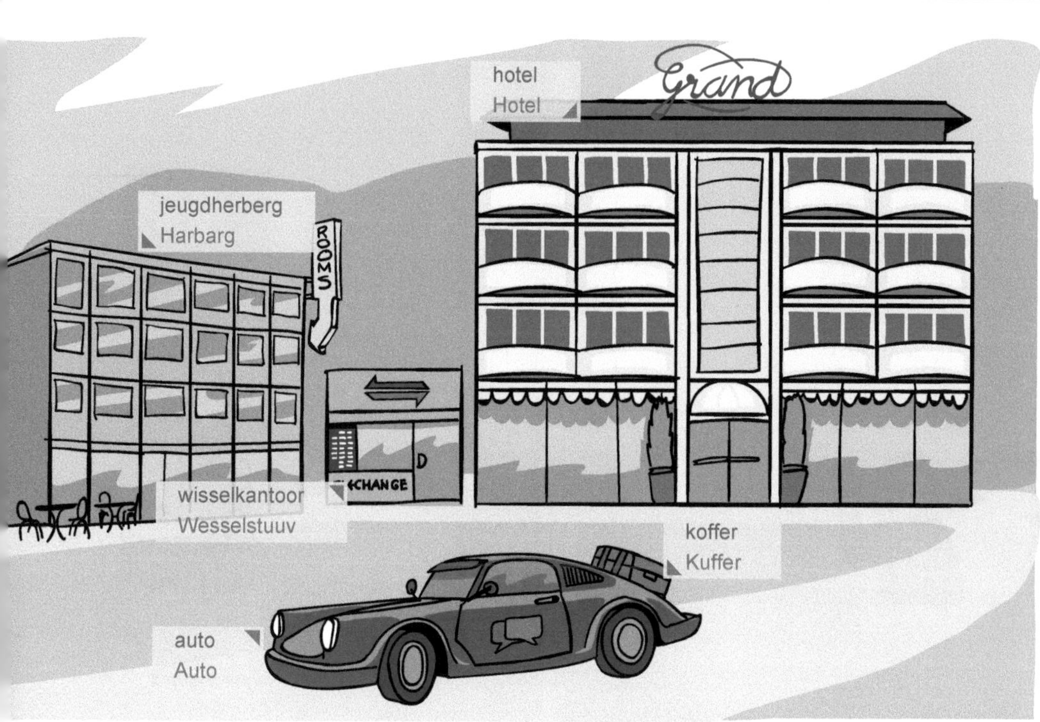

Taal
Spraak

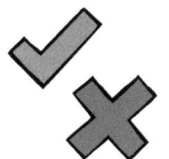

ja / nee
jo / ne

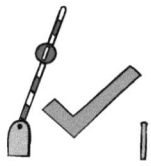

oké
Jo

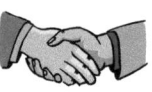

hallo
Moin

vertaler
Översetter

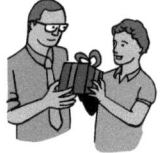

bedankt
Dank ok

Hoeveel kost ...?

Wat kost...?

Ik begrijp het niet

Ik verstah nich

probleem

Problem

Goedenavond!

Goden Avend

Goedemorgen!

Moin!

Goedenavond!

Gode Nacht!

Tot ziens

Tschüüs

richting

Richt

bagage

Bagaasch

zak

Tasch

rugzak

Rüchsack

gast

Gast

kamer

Stuuv

slaapzak

Slaapsack

tent

Telt

toeristeninformatie

Touristeninformatschoon

strand

Strand

kredietkaart

Kreditkoort

ontbijt

Fröhstück

lunch

Meddageten

avondeten

Avendeten

ticket

Fohrkort

lift

Fohrstohl

postzegel

Breefmark

grens

Grenz

douane

Toll

ambassade

Bottschop

visum

Visum

paspoort

Pass

transport
Transport

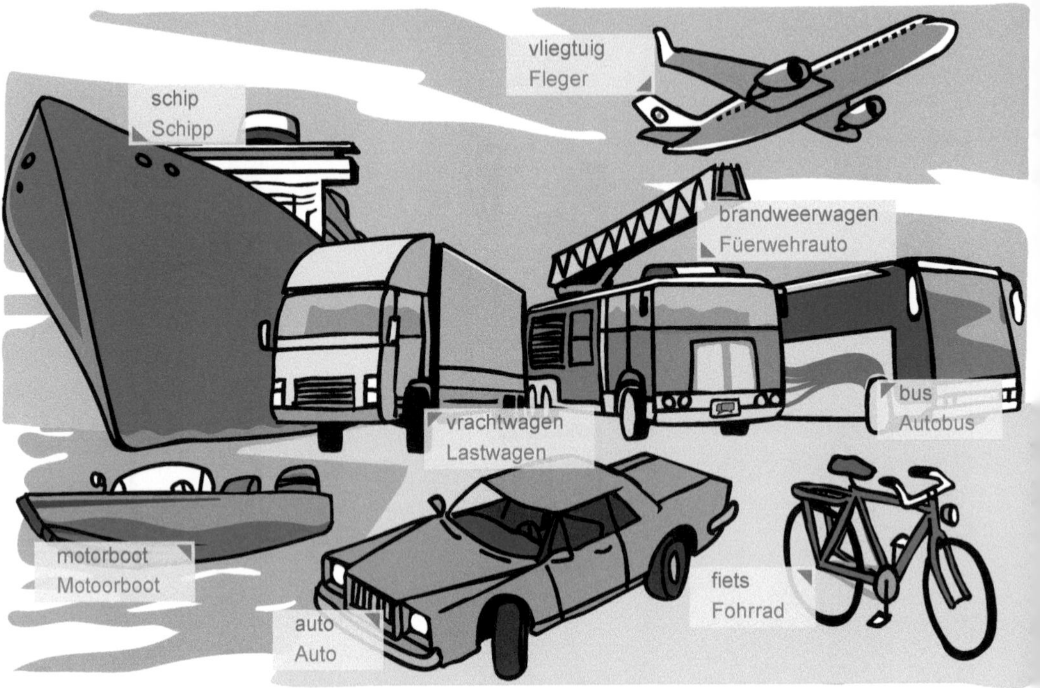
vliegtuig
Fleger
schip
Schipp
brandweerwagen
Füerwehrauto
bus
Autobus
vrachtwagen
Lastwagen
motorboot
Motoorboot
fiets
Fohrrad
auto
Auto

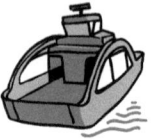

veerboot
Fähr

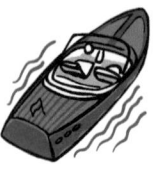

boot
Boot

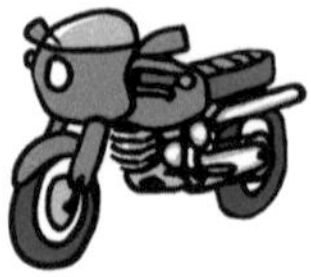

motor
Motoorrad

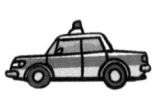

politiewagen
Polizeiauto

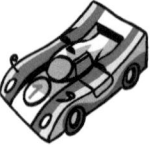

racewagen
Rönnauto

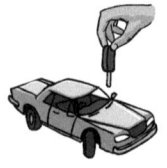

huurauto
Lehnwagen

carpoolen

Carsharing

sleepwagen

Afsleepwagen

vuilniswagen

Müllauto

motor

Motoor

benzine

Kraftstoff

benzinestation

Tanksteed

verkeersbord

Verkehrsschild

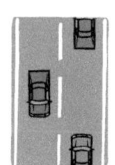

verkeer

Verkehr

file

Stau

parkeerplaats

Afstellplatz

station

Bahnhoff

sporen

Sporen

trein

Tog

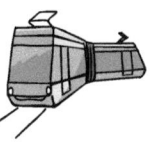

tram

Stratenbahn

wagon

Wagon

helikopter

Dwarsmöhl

luchthaven

Flooghaven

toren

Tower

passagier

Fohrgast

container

Grootkist

karton

Karton

kar

Koor

mand

Korf

opstijgen / landen

starten / lannen

stad

Stadt

dorp

Dörp

stadscentrum

Binnenstadt

huis

Huus

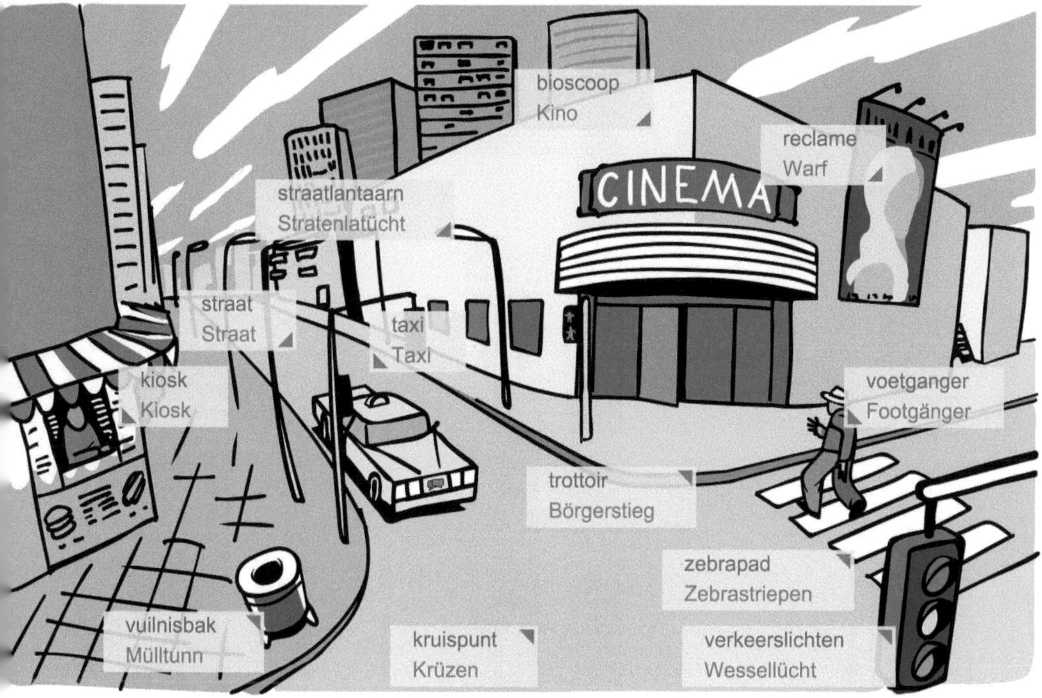

bioscoop
Kino

reclame
Warf

straatlantaarn
Stratenlatücht

CINEMA

straat
Straat

taxi
Taxi

voetganger
Footgänger

kiosk
Kiosk

trottoir
Börgerstieg

zebrapad
Zebrastriepen

vuilnisbak
Mülltünn

kruispunt
Krüzen

verkeerslichten
Wessellücht

hut

Hütt

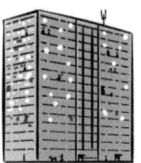

woning

Wahnung

station

Bahnhoff

stadshuis

Raathuus

museum

Museum

school

School

universiteit

Universität

bank

Bank

ziekenhuis

Krankenhuus

hotel

Hotel

apotheek

Afteek

kantoor

Büro

boekwinkel

Bookhökerie

winkel

Hökerie

bloemenwinkel

Blomenhökerie

supermarkt

Supermarkt

markt

Markt

warenhuis

Koophuus

vishandelaar

Fischhökerie

winkelcentrum

Inkoopszentrum

haven

Haven

park
Parkanlaag

bank
Bank

brug
Brüch

trap
Trepp

metro
Ünnergrundbahn

tunnel
Tunnel

bushalte
Busstoppsteed

bar
Bar

restaurant
Spieslokal

brievenbus
Breefkassen

straatnaambord
Stratenschild

parkeermeter
Parkklock

zoo
Deertenpark

zwembad
Baadanstalt

moskee
Moschee

boerderij
Buernhoff

milieuverontreiniging
Ümweltversmudden

kerkhof
Karkhoff

kerk
Kark

speelplaats
Speelplatz

tempel
Tempel

landschap

Landschop

blad
Blatt

wegwijzer
Wiespahl

weg
Weg

weide
Wisch

steen
Steen

boom
Boom

wandelaar
Wannerer

rivier
Fluss

gras
Gras

bloem
Bloom

vallei

Daal

heuvel

Barg

meer

See

bos

Holt

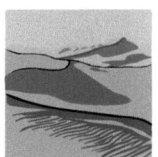

woestijn

Wööst

vulkaan

Füerspien Barg

kasteel

Slott

regenboog

Regenbagen

paddenstoel

Poggenstohl

palmboom

Palm

mug

Steekmück

vlieg

Fleeg

mier

Miegeemk

bijl

Imm

spin

Spinn

kever

Sebber

kikker

Pogg

eekhoorn

Katteker

egel

Swienegel

haas

Haas

uil

Uul

vogel

Vagel

zwaan

Swaan

wild zwijn

Wildswien

hert

Hirsch

eland

Elk

dam

Staudamm

windturbine

Windrad

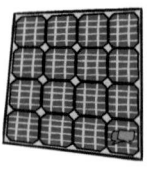

zonnepaneel

Solarmodul

klimaat

Klima

restaurant
Spieslokal

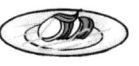

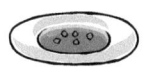

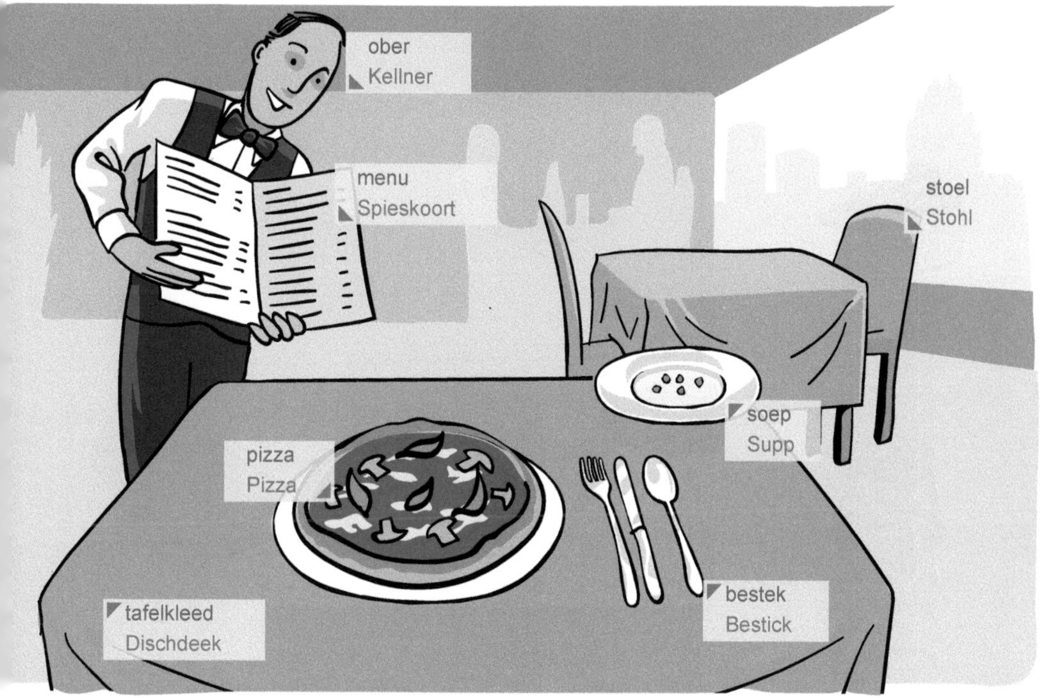

ober
Kellner
menu
Spieskoort
stoel
Stohl
soep
Supp
pizza
Pizza
bestek
Bestick
tafelkleed
Dischdeek

voorgerecht

Vörspies

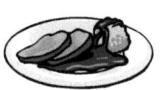

hoofdgerecht

Haupteten

nagerecht

Nadisch

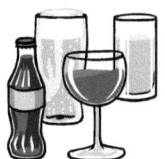

drankjes

Drünk

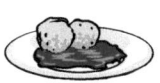

eten

Eten

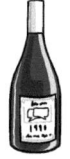

fles

Buddel

fastfood
Fastfood

street food
Strateneten

theepot
Teekann

suikerpot
Zuckerdoos

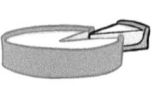

portie
Portschoon

espressomachine
Espressomaschien

kinderstoel
Hoochstohl

rekening
Reken

dienblad
Tablett

mes
Mess

vork
Gavel

lepel
Lepel

theelepel
Teelepel

serviette
Munddook

glas
Glas

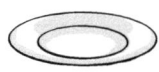

bord

Töller

soepbord

Suppentöller

schoteltje

Ünnertass

saus

Sooß

zoutvatje

Soltstreuer

pepermolen

Pepermöhl

azijn

Etig

olie

Ööl

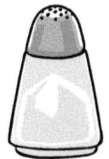

kruiden

Krüder

ketchup

Ketchup

mosterd

Mostrich

mayonaise

Mayonnaise

supermarkt
Supermarkt

aanbieding
Anbott
klant
Kunn
zuivelproducten
Melkprodukten
winkelwagen
Inkoopswagen
fruit
Aaft
FOR

BUTCHERS

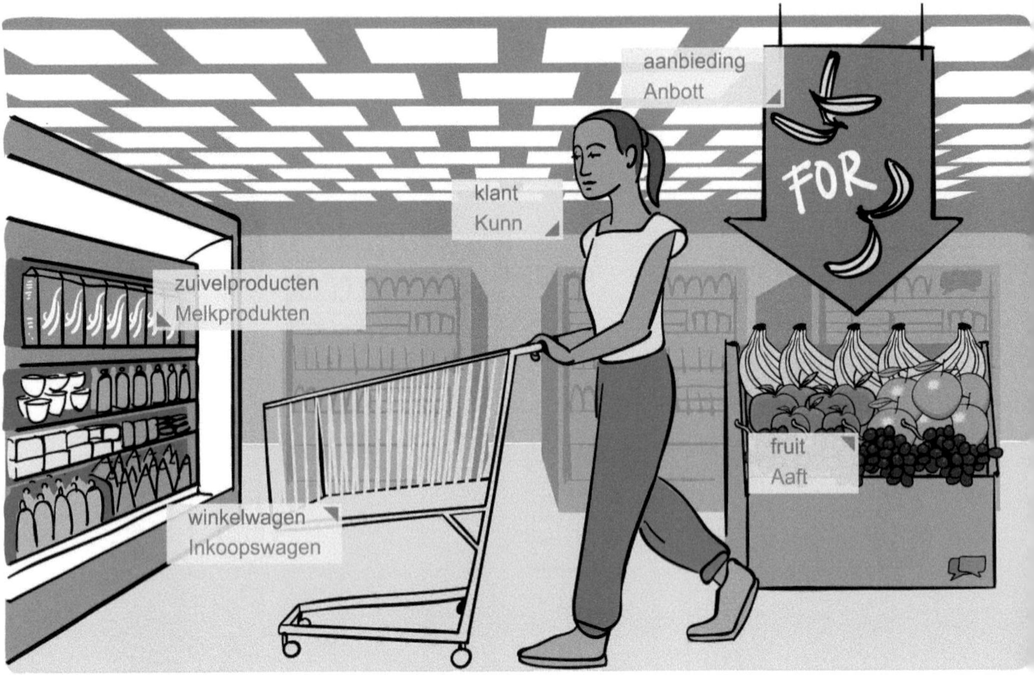

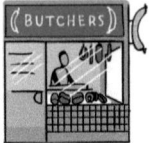

slagerij

Slachterie

BAKERY

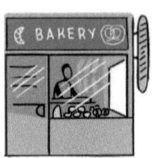

bakkerij

Bäckerie

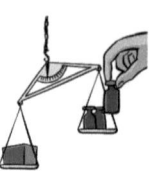

wegen

wegen

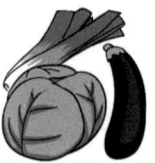

groenten

Gröönsaken

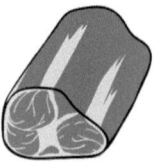

vlees

Fleesch

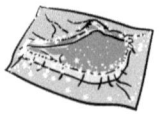

diepvriesvoedsel

Deepköhlkost

charcuterie

Opsnitt

conserven

Konserven

waspoeder

Waschmiddel

snoep

Snoopkraam

huishoudproducten

Huushooltssaken

schoonmaakproducten

Reinmaaktüüch

verkoopster

Verköpersche

kassa

Kass

kassier

Kasserer

boodschappenlijstje

Inkoopslist

openingstijden

Opsparrtieden

portefeuille

Breeftasch

kredietkaart

Kreditkoort

tas

Tasch

plastieken zakje

Plastiktüüt

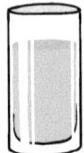

water

Water

sap

Saft

melk

Melk

cola

Cola

wijn

Wien

bier

Beer

alcohol

Spriet

cacao

Kakao

thee

Tee

koffie

Koffie

espresso

Espresso

cappuccino

Cappucino

banaan

Banaan

appel

Appel

sinaasappel

Appelsien

meloen

Meloon

citroen

Zitroon

wortel

Wöttel

knoflook

Knuuvlook

bamboe

Bambus

ajuin

Zibbel

champignon

Poggenstohl

noten

Nööt

noodles

Nudeln

spaghetti

Spaghetti

rijst

Ries

salade

Salat

frieten

Pommes frites

gebakken aardappelen

Braadkantüffeln

pizza

Pizza

hamburger

Hamborger

sandwich

Sandwich

kalfslapje

Snitzel

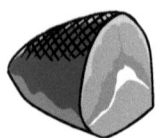

ham

Schinken

salami

Salami

worst

Wust

kip

Hohn

braden

Braden

vis

Fisch

havervlokken

Haverflocken

muesli

Müsli

cornflakes

Cornflakes

bloem

Mehl

croissant

Croissant

pistolet

Rundstück

brood

Broot

toast

Toast

koekjes

Keksen

boter

Botter

kwark

Quark

taart

Koken

ei

Ei

spiegelei

Spegelei

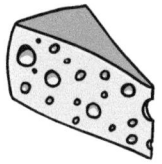

kaas

Kees

ijs

les

suiker

Zucker

honing

Honnig

confituur

Marmelaad

choco

Nougat-Creme

curry

Curry

boerderij
Buernhoff

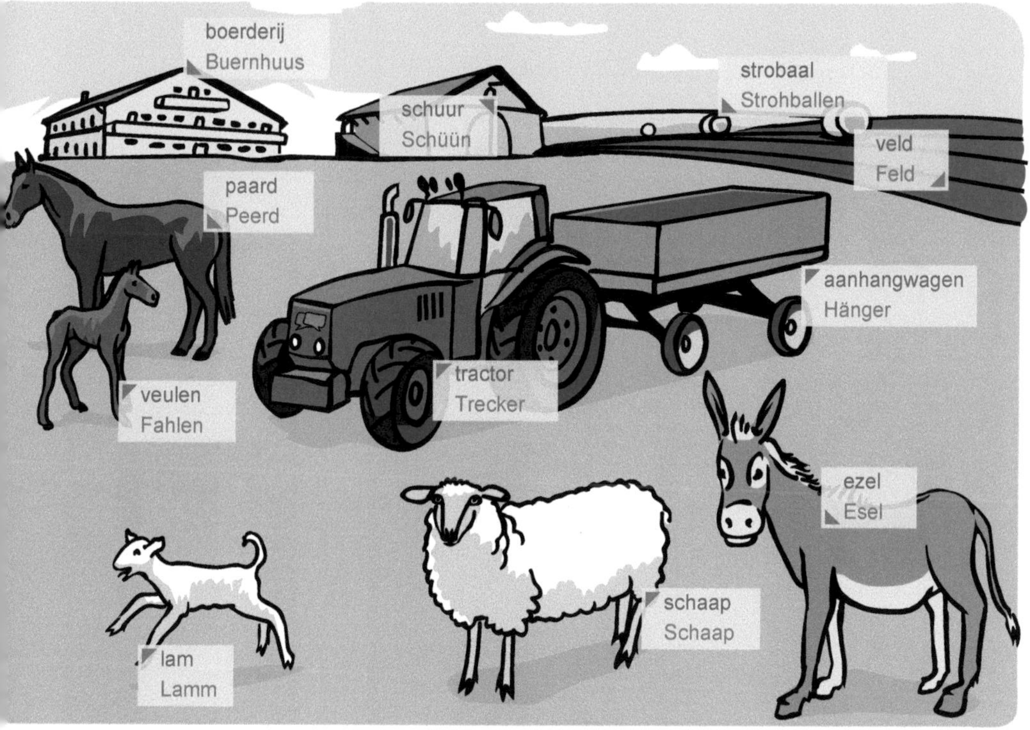
boerderij
Buernhuus
schuur
Schüün
strobaal
Strohballen
veld
Feld
paard
Peerd
aanhangwagen
Hänger
tractor
Trecker
veulen
Fahlen
ezel
Esel
schaap
Schaap
lam
Lamm

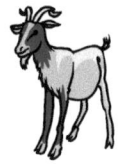

geit

Zeeg

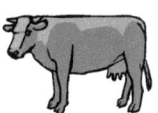

koe

Koh

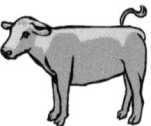

kalf

Kalf

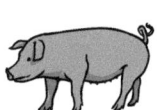

varken

Swien

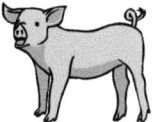

biggetje

Farken

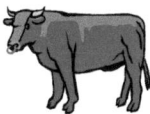

stier

Bull

gans
Goos

eend
Aant

kuiken
Küken

kip
Hohn

haan
Hahn

rat
Rott

kat
Katt

muis
Muus

os
Oss

hond
Hund

hondenhok
Hunnenhütt

tuinslang
Goornslauch

gieter
Geetkann

zeis
Lee

ploeg
Ploog

sikkel

Sich

schoffel

Hack

hooivork

Mestfork

bijl

Ext

kruiwagen

Schuufkoor

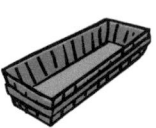

trog

Trog

melkkan

Melkkann

zak

Sack

hek

Tuun

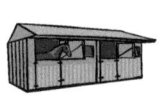

stal

Stall

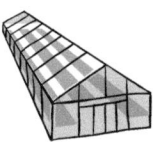

broeikas

Drievhuus

bodem

Bodden

zaad

Saat

mest

Dünger

maaidorser

Meihdöscher

oogsten

oornen

oogst

Oorn

yam

Yamswöttel

tarwe

Weten

soja

Soja

aardappel

Kantüffel

maïs

Törksche Weten

koolzaad

Rapp

fruitboom

Aaftboom

maniok

Troopsch Kantüffel

graan

Koorn

huis
Huus

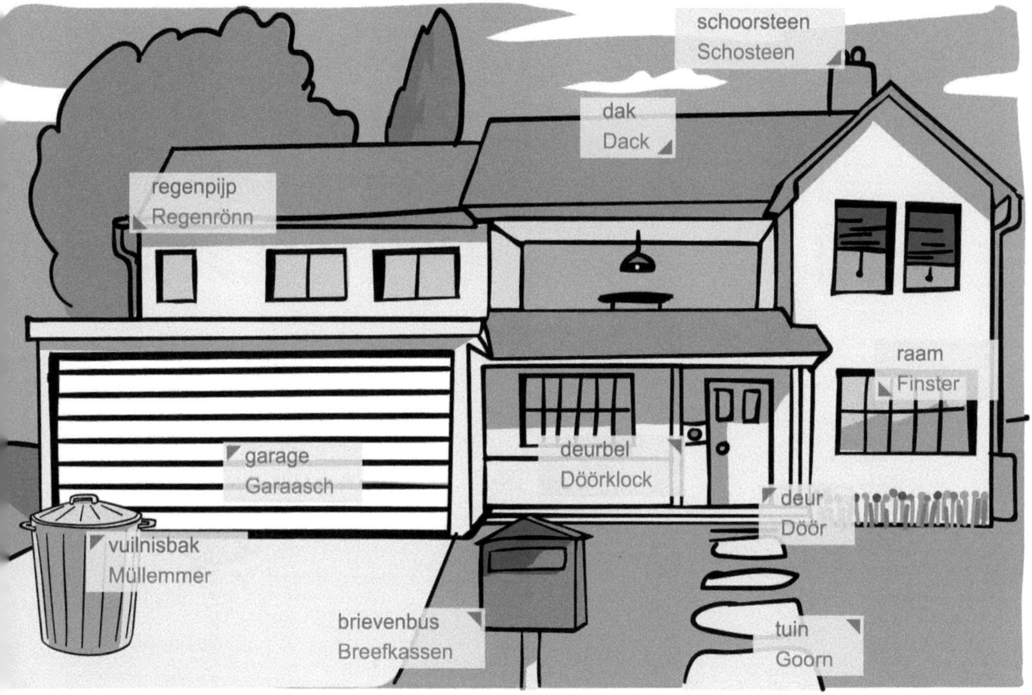

schoorsteen
Schosteen
dak
Dack
regenpijp
Regenrönn
raam
Finster
garage
Garaasch
deurbel
Döörklock
deur
Döör
vuilnisbak
Müllemmer
brievenbus
Breefkassen
tuin
Goorn

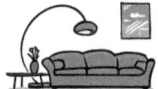

woonkamer
Wahnstuuv

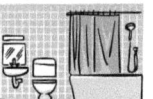

badkamer
Baadstuuv

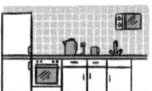

keuken
Köök

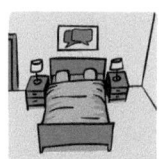

slaapkamer
Slaapstuuv

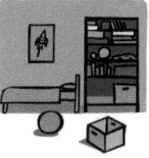

kinderkamer
Kinnerstuuv

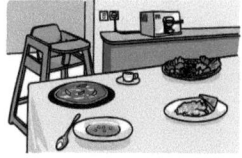

eetkamer
Eetstuuv

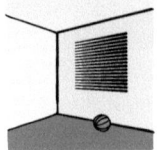

vloer

Footbodden

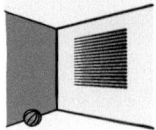

muur

Wand

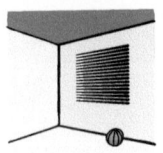

plafond

Deek

kelder

Keller

sauna

Hittluftbad

balkon

Balkon

terras

Terrass

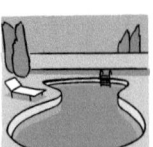

zwembad

Swümmbad

grasmaaier

Rasenmeiher

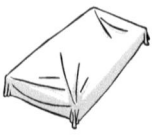

dekbedovertrek

Bettbetog

dekbed

Bettdeek

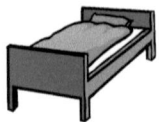

bed

Puuch

bezem

Bessen

emmer

Emmer

schakelaar

Schalter

woonkamer
Wahnstuuv

behangpapier
Tapeet
foto
Bild
lamp
Lamp
schap
Regal
kast
Schapp
televisie
Kiekkassen
open haard
Kamin
bloem
Bloom
kussen
Küssen
sofa
Sofa
vaas
Vaas
afstandsbediening
Feernbedenen

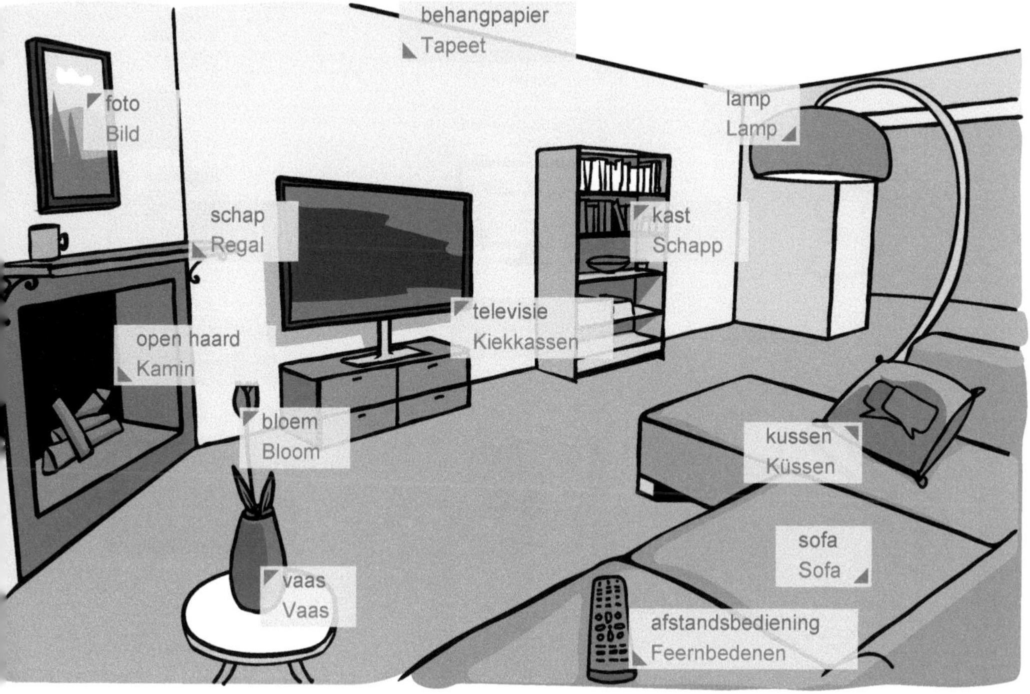

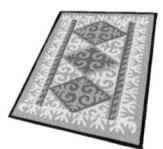

mat

Teppich

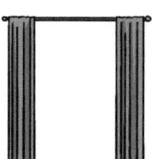

gordijn

Vörhang

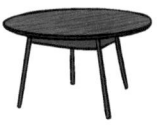

tafel

Disch

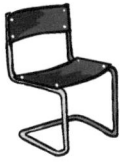

stoel

Stohl

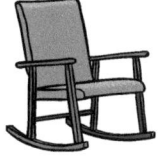

schommelstoel

Schuckelstohl

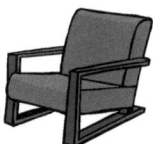

fauteuil

Sessel

boek

Book

deken

Deek

decoratie

Dekoratschoon

brandhout

Füerholt

film

Film

stereo-installatie

Stereoanlaag

sleutel

Slötel

krant

Narichtenblatt

schilderij

Gemälde

poster

Poster

radio

Radio

notitieboekje

Opschrievblock

stofzuiger

Huulbessen

cactus

Kaktus

kaars

Kars

keuken
Köök

koelkast
Köhlschapp
microgolfoven
Mikrowell
keukenweegschaal
Kökenwaag
broodrooster
Toaster
afwasmiddel
Reinmaakmiddel
oven
Backaven
vriesvak
Gefreerfack
vuilnisbak
Müllemmer
vaatwasmachine
Opwaschmaschien

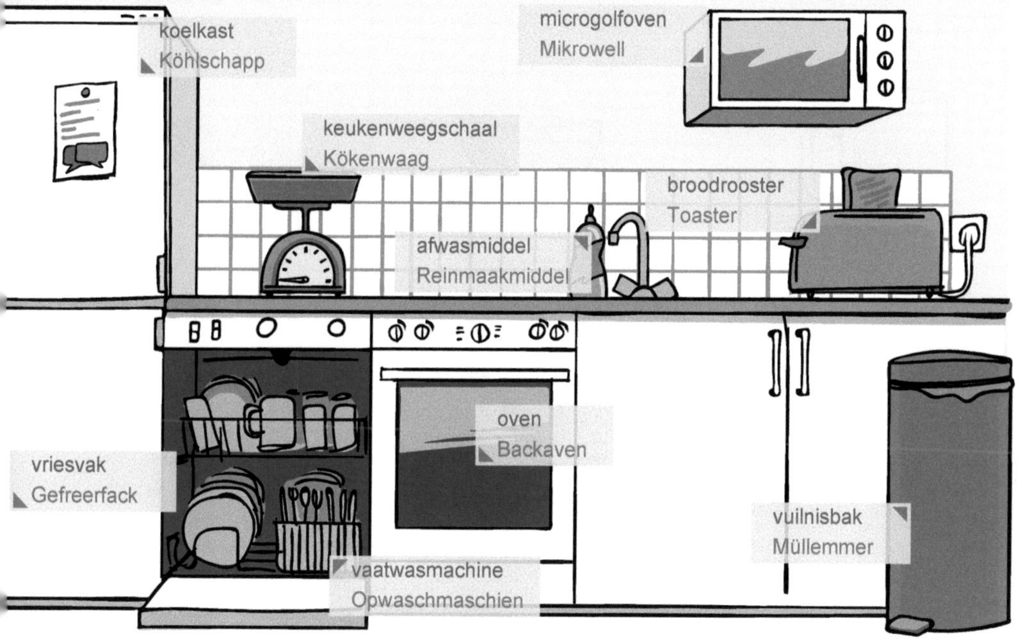

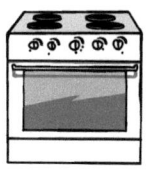

fornuis

Heerd

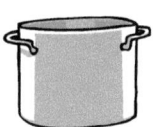

pot

Pott

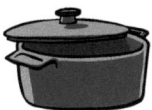

gietijzeren pot

Gussiesern Putt

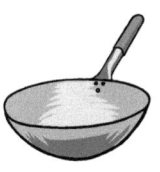

wok / kadai

Wok / Kadai

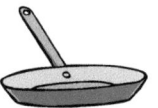

pan

Pann

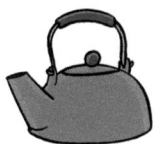

waterkoker

Waterkaker

stoomkoker

Dampkaakputt

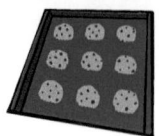

bakplaat

Backblick

servies

Geschirr

mok

Beker

kom

Schaal

eetstokjes

Eetsticken

pollepel

Suppenkell

spatel

Pannenwenner

garde

Sneebessen

vergiet

Kaakseef

zeef

Seef

rasp

Riev

mortier

Mörser

barbecue

Grill

haardvuur

Füerstell

snijplank

Sniedbrett

deegrol

Nudelholt

kurkentrekker

Proppentrecker

blik

Doos

blikopener

Dosenaapner

pannenlap

Pottlappen

gootsteen

Waschbecken

borstel

Böst

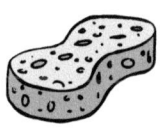

spons

Swamm

blender

Mixer

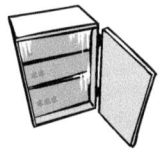

vriezer

Iesschapp

papfles

Nuckelbuddel

kraan

Waterhahn

badkamer
Baadstuuv

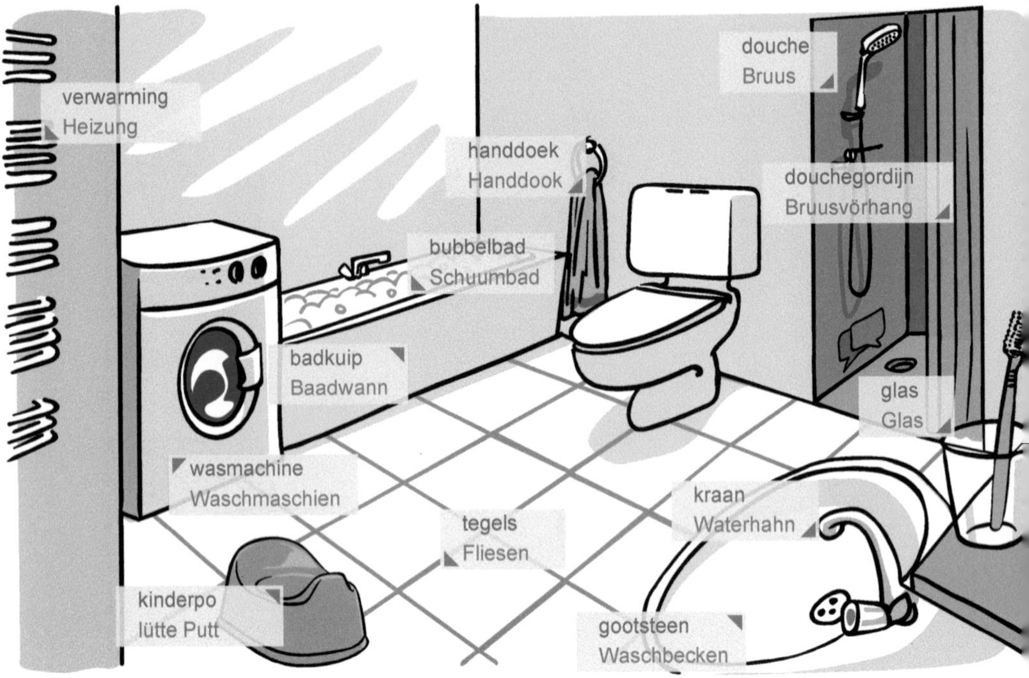

verwarming
Heizung
handdoek
Handdook
douche
Bruus
douchegordijn
Bruusvörhang
bubbelbad
Schuumbad
badkuip
Baadwann
glas
Glas
wasmachine
Waschmaschien
kraan
Waterhahn
tegels
Fliesen
kinderpo
lütte Putt
gootsteen
Waschbecken

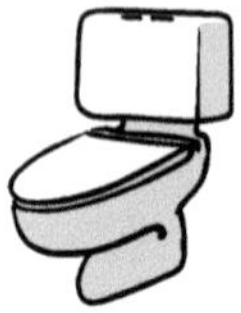

toilet

Tante Meier

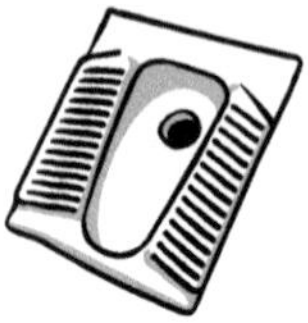

hurktoilet

Hockklo

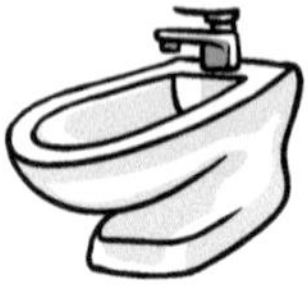

bidet

Bidet

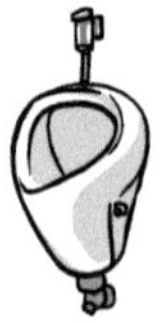

urinoir

Miegbecken

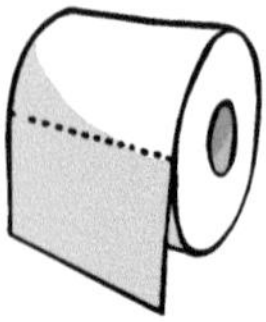

toiletpapier

Klopapeer

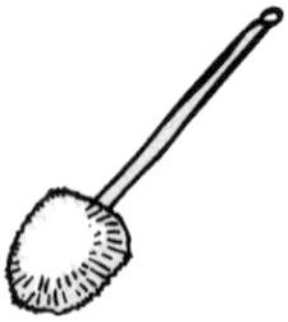

toiletborstel

Kloböst

tandenborstel

Tähnböst

tandpasta

Tähnpast

flosdraad

Tähnsied

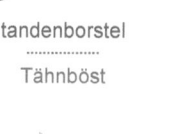

wassen

waschen

handdouche

Handbruus

bidethanddouche

Intimbruus

waskom

Waschschöttel

rugborstel

Rüchböst

zeep

Seep

douchegel

Bruusgeel

shampoo

Hoorwaschmiddel

washandje

Waschlappen

afvoer

Afloop

crème

Creme

deodorant

Deodorant

spiegel

Spegel

handspiegel

Kosmetikspegel

scheermes

Raserer

scheerschuim

Raseerschuum

aftershave

Raseerwater

kam

Kamm

borstel

Böst

haardroger

Hoordröger

haarlak

Hoorspray

make-up

Smink

lippenstift

Lippensticken

nagellak

Nagellack

watten

Watt

nagelknipper

Nagelscheer

parfum

Rüükwater

toilettas

Kulturbüdel

kruk

Schemel

weegschaal

Waag

badjas

Baadmantel

latex handschoenen

Gummihanschen

tampon

Tampon

maandverband

Damenbinn

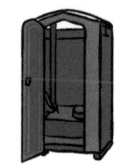

chemisch toilet

Chemieklo

kinderkamer
Kinnerstuuv

wekker
Wecker
knuffel
Knudeldeert
speelgoedauto
Speeltüüchauto
rammelaar
Klöter
poppenhuis
Poppenhuus
geschenk
Geschenk

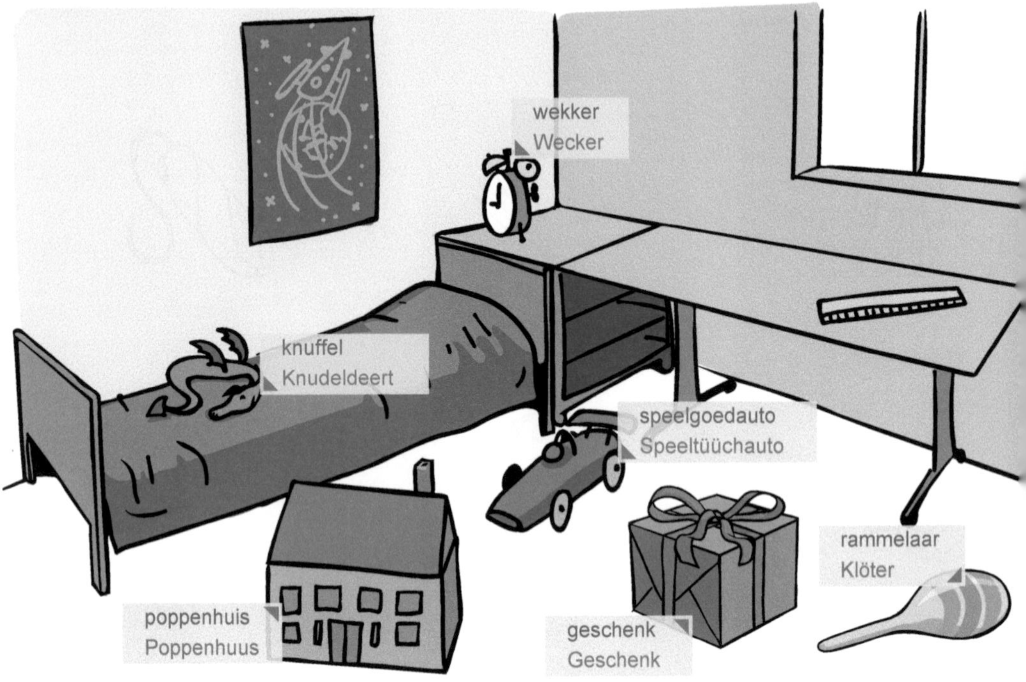

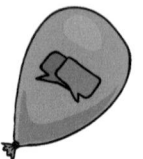

ballon
Luftballon

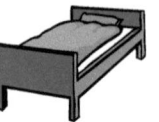

bed
Puuch

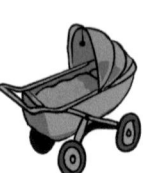

kinderwagen
Kinnerwagen

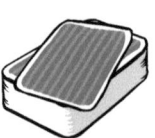

spel kaarten
Koortenspeel

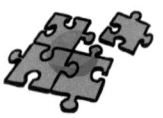

puzzel
Puzzle

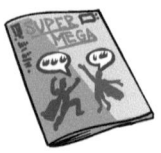

stripboek
Billergeschicht

legoblokjes

Legostenen

blokken

Bustenen

actiefiguur

Action-Figur

kruippakje

Strampelantog

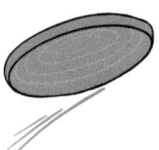

frisbee

Frisbeeschiev

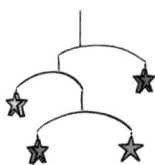

mobiel

Mobile

bordspel

Brettspeel

dobbelsteen

Wörpel

modelspoorweg

Modelliesenbahn

fopspeen

Snuller

feest

Party

prentenboek

Billerbook

bal

Ball

pop

Popp

spelen

spelen

zandbak

Sandkassen

schommel

Schuckel

speelgoed

Speeltüüch

spelconsole

Speelkonsool

driewieler

Dreerad

knuffelbeer

Teddyboor

kleerkast

Klederschapp

kleding

Tüüch

sokken

Socken

kousen

Strümp

maillot

Strumpbüx

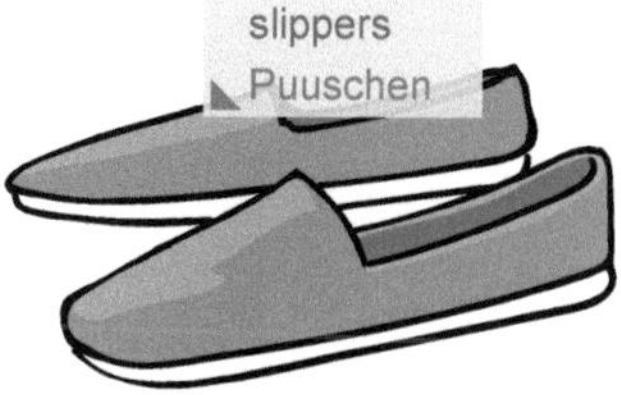

sjaal
Halsdook

paraplu
Paraplü

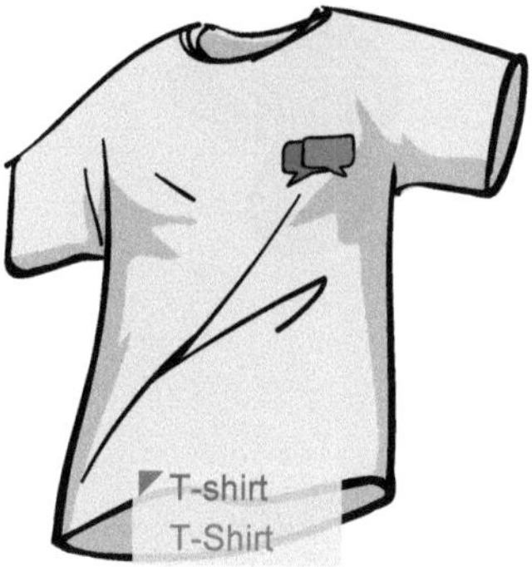

T-shirt
T-Shirt

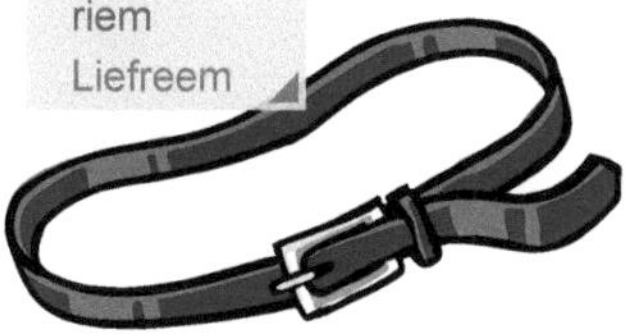

riem
Liefreem

laarzen
Stevel

slippers
Puuschen

sneakers
Turnschoh

sandalen
....
Sandalen

schoenen
....
Schoh

rubberlaarzen
....
Gummistevel

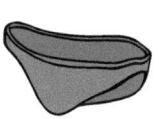

onderbroek
....
Ünnerbüx

beha
....
Bostholler

onderhemd
....
Ünnerhemd

lichaam

Lief

broek

Büx

jeans

Jeansnüx

rok

Rock

blouse

Bluus

hemd

Hemd

trui

Pullover

capuchontrui

Kapuzenpullover

blazer

Blazer

jas

Jack

jas

Mantel

regenjas

Övertrecker

kostuum

Kostüm

jurk

Kleed

trouwjurk

Hochtietskleed

pak
Antog

nachthemd
Nachtkleed

pyjama
Slaapantog

sari
Sari

hoofddoek
Koppdook

tulband
Turban

boerka
Burka

kaftan
Kaftan

abaya
Abaya

badpak
Baadantog

zwembroek
Baadbüx

short
Korte Büx

trainingspak
Antog to'n Öven

schort
Schört

handschoenen
Handschoh

knoop

Knopp

bril

Brill

armband

Armband

ketting

Halskeed

ring

Ring

oorbel

Ohrbummel

pet

Mütz

kapstok

Klederbögel

hoed

Hoot

das

Binner

rits

Rietslüter

helm

Helm

bretellen

Drachtband

schooluniform

Schooluniform

uniform

Uniform

slabbetje
Severböten

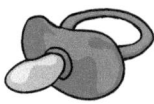

fopspeen
Snuller

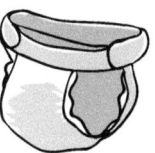

luier
Winnel

kantoor
Büro

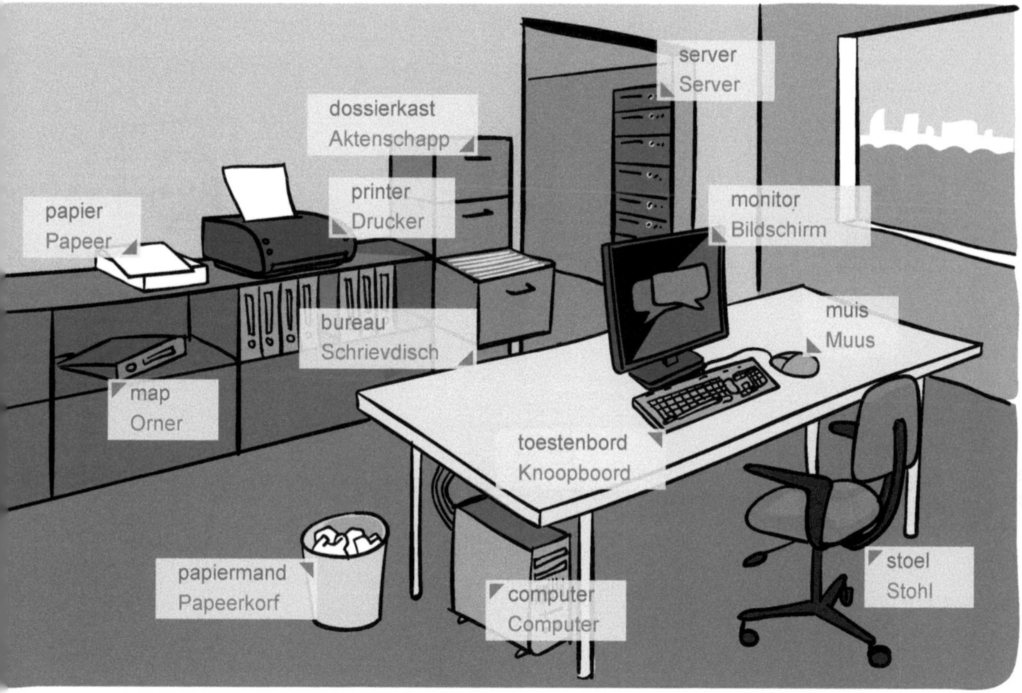

server
Server

dossierkast
Aktenschapp

printer
Drucker

monitor
Bildschirm

papier
Papeer

muis
Muus

bureau
Schrievdisch

map
Orner

toestenbord
Knoopboord

papiermand
Papeerkorf

stoel
Stohl

computer
Computer

koffiemok
Koffiebeker

rekenmachine
Taschenreekner

internet
Internet

laptop

Klappreekner

brief

Breef

bericht

Naricht

gsm

Ackersnacker

netwerk

Nettwark

kopieerapparaat

Kopeerapparat

software

Software

telefoon

Klöönkassen

stopcontact

Steekdoos

fax

Faxapparat

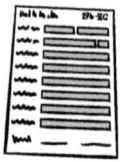

formulier

Formulor

document

Dokument

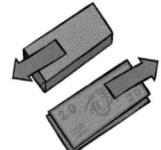

kopen
köpen

betalen
betahlen

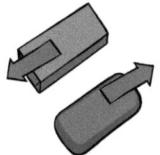

handelen
hanneln

geld
Geld

dollar
Dollar

euro
Euro

yen
Yen

roebel
Ruvel

Zwitserse frank
Swiezer Franken

Chinese renminbi
Renminbi Yuan

roepie
Rupie

geldautomaat
Geldautomat

wisselkantoor

Wesselstuuv

goud

Gold

zilver

Sülver

olie

Ööl

energie

Energie

prijs

Pries

contract

Verdrag

belasting

Stüer

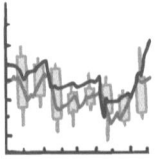

aandeel

Andeelschien

werken

arbeiden

werknemer

Anstellte

werkgever

Arbeitgever

fabriek

Fabrik

winkel

Hökerie

beroepen
Profeschonen

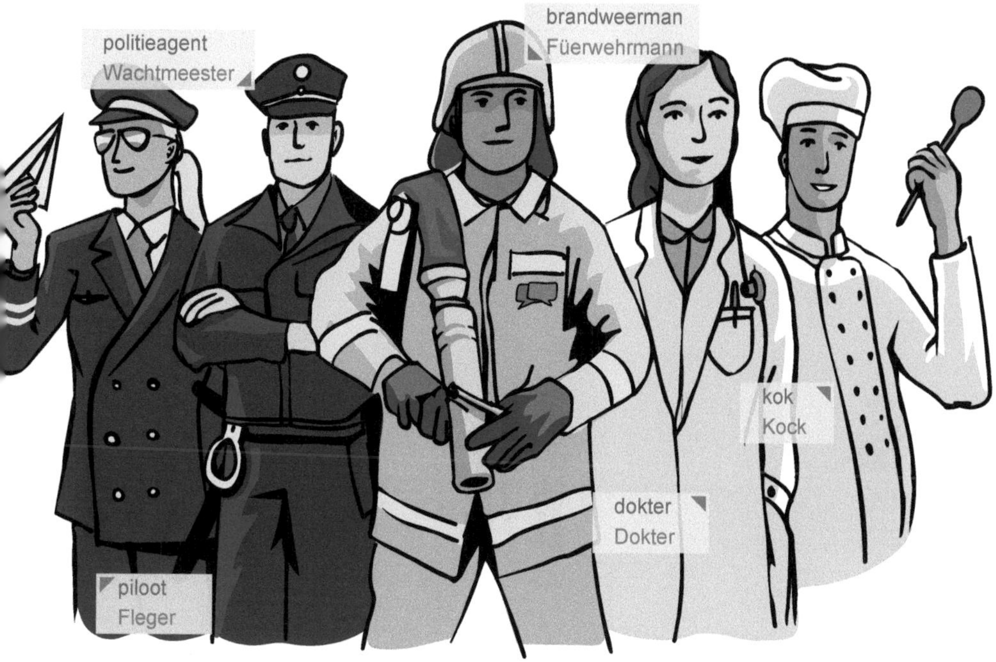
politieagent
Wachtmeester
brandweerman
Füerwehrmann
kok
Kock
dokter
Dokter
piloot
Fleger

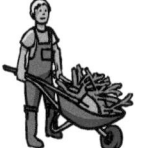

tuinman

Goorner

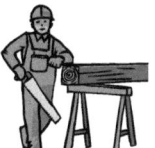

timmerman

Discher

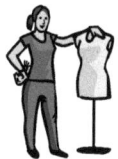

naaister

Neihersche

rechter

Richter

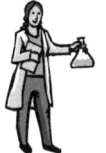

chemicus

Chemiker

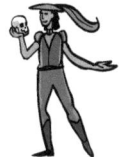

acteur

Schauspeler

buschauffeur

Busfohrer

taxichauffeur

Taxifohrer

visser

Fischer

schoonmaakster

Reinmaakfru

dakdekker

Dackdecker

ober

Kellner

jager

Jäger

schilder

Maler

bakker

Bäcker

elektricien

Elektriker

bouwvakker

Buarbeider

ingenieur

Ingenieur

slager

Slachter

loodgieter

Klempner

postbode

Postbüdel

soldaat

Suldat

architect

Architekt

kassier

Kasserer

bloemist

Florist

kapper

Putzbüdel

conducteur

Schaffner

mecanicien

Mechaniker

kapitein

Kaptein

tandarts

Tähndokter

wetenschapper

Wetenschopler

rabbijn

Rabbi

imam

Imam

monnik

Mönk

geestelijke

Paap

werktuigen
Warktüüch

hamer
Hamer
tang
Tang
schroevendraaier
Schruvendreiher
schroefsleutel
Schruvenslötel
zaklamp
Taschenlamp

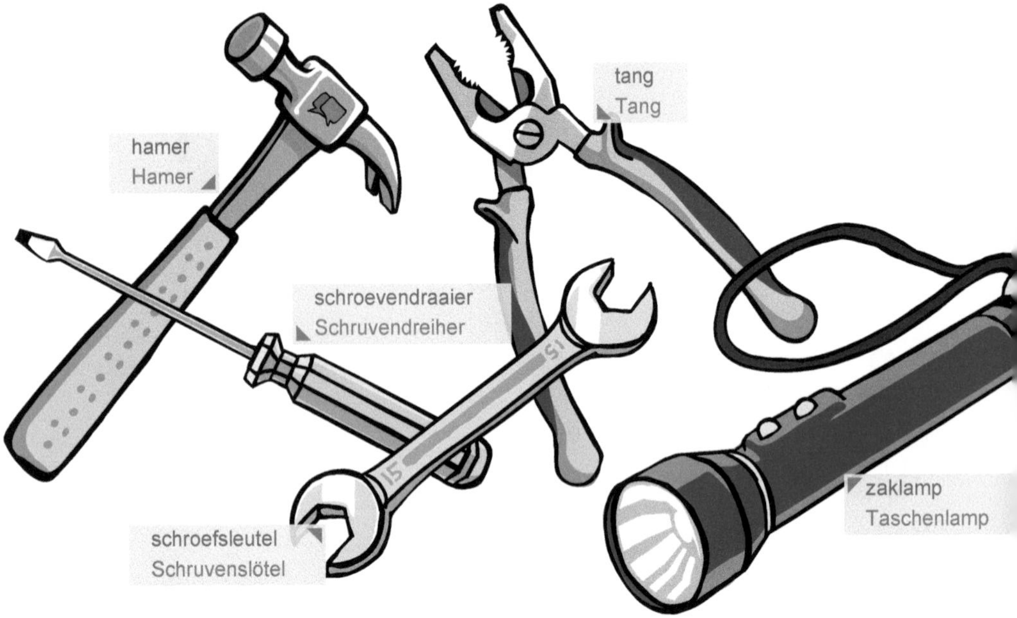

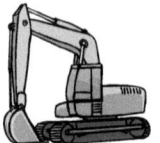

graafmachine

Grieper

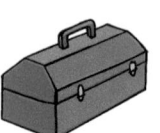

gereedschapskoffer

Warktüüchkassen

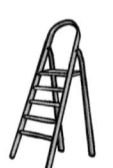

ladder

Ledder

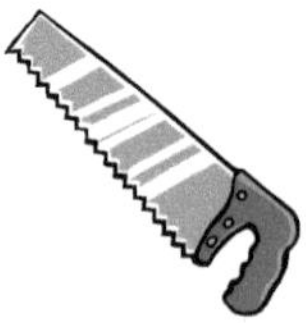

zaag

Saag

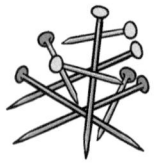

spijkers

Nagels

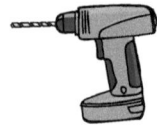

boormachine

Bohrer

repareren
....
heelmaken

schop
....
Schüffel

Verdomme!
....
Schiet!

blik
....
Kehrblick

verfpot
....
Farvpott

schroeven
....
Schruven

muziekinstrumenten
Musikinstrumenten

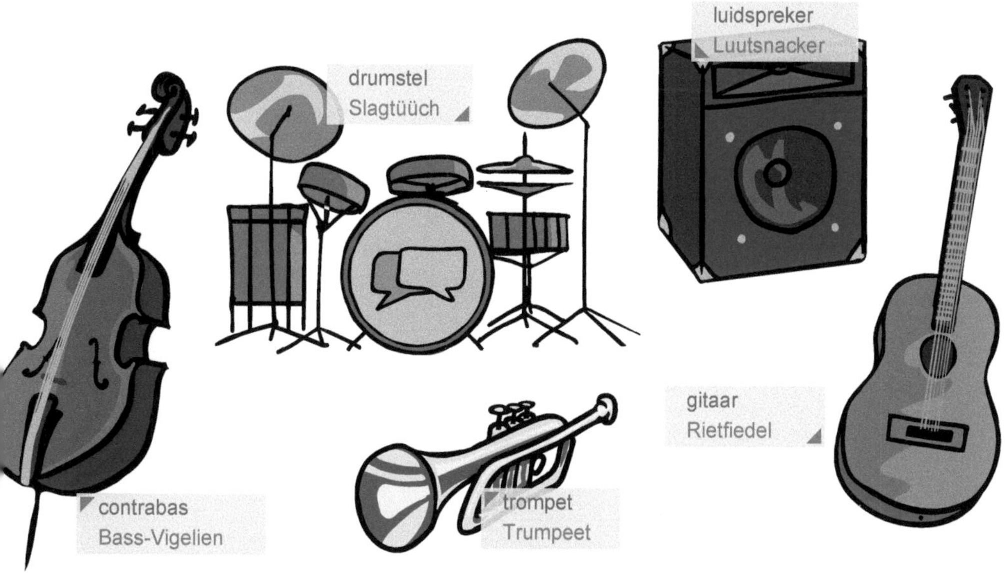

drumstel
Slagtüüch

luidspreker
Luutsnacker

gitaar
Rietfiedel

contrabas
Bass-Vigelien

trompet
Trumpeet

piano

Klaveer

viool

Vigelien

basgitaar

Bass

pauk

Pauk

trommels

Trummeln

keyboard

Keyboard

saxofoon

Saxophon

fluit

Fleut

microfoon

Mikrofoon

ZOO
Deertenpark

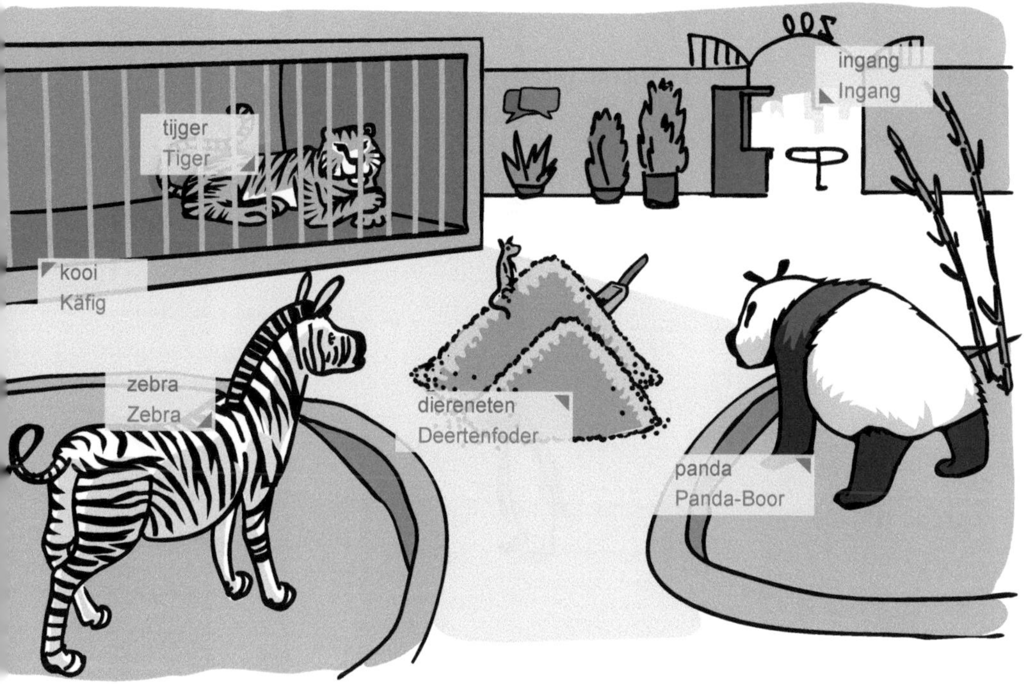
zoo
ingang
Ingang
tijger
Tiger
kooi
Käfig
zebra
Zebra
diereneten
Deertenfoder
panda
Panda-Boor

dieren

Deerten

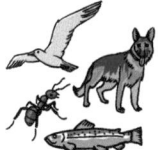

olifant

Elefant

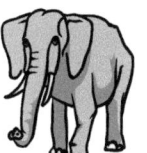

kangoeroe

Känguru

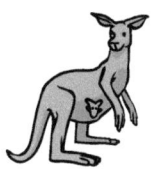

neushoorn

Neeshoorn

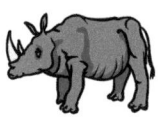

gorilla

Gorilla

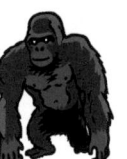

beer

Boor

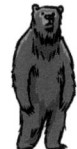

kameel

Kameel

struisvogel

Struuß

leeuw

Lööv

aap

Aap

flamingo

Flamingo

papegaai

Papagoi

ijsbeer

Iesboor

pinguïn

Pinguin

haai

Haifisch

pauw

Pageluun

slang

Slang

krokodil

Krokodil

dierenverzorger

Oppasser in'n Deertenpark

zeehond

Saalhund

jaguar

Jaguor

pony
Pony

luipaard
Leopard

nijlpaard
Nilpeerd

giraffe
Giraff

adelaar
Aadler

wild zwijn
Wildswien

vis
Fisch

zeeschildpad
Schildkrööt

walrus
Walross

vos
Voss

gazelle
Gazell

rugby
Amerikaansch Football

wielrennen
Radfohren

tennis
Tennis

basketbal
Korfball

zwemmen
Swümmen

boksen
Boxen

ijshockey
Ieshockey

voetbal
Football

badminton
Fedderball

atletiek
Leichtathletik

handbal
Handball

skiën
Skilopen

polo
Polo

activiteiten
Aktivitäten

springen
springen
knuffelen
ümarmen
lachen
lachen
wandelen
gahn
zingen
singen
dromen
drömen
bidden
beden
kussen
snuteln

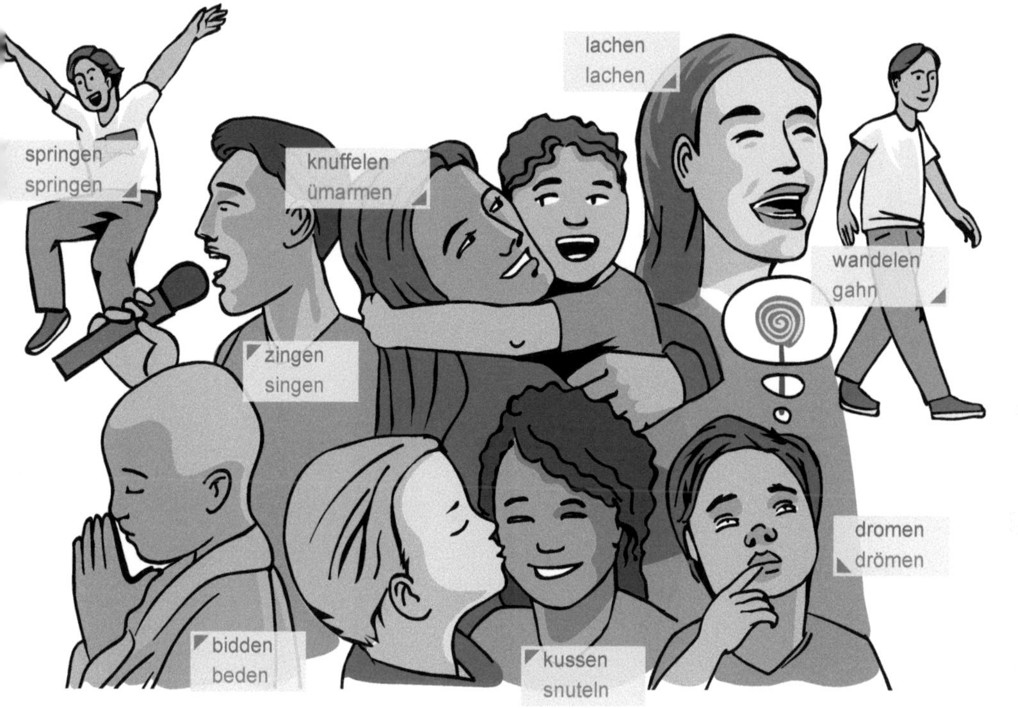

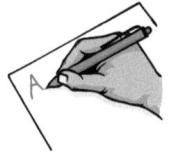

schrijven

schrieven

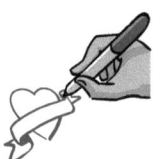

tekenen

teken

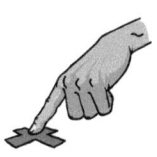

tonen

wiesen

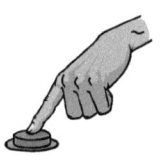

duwen

drücken

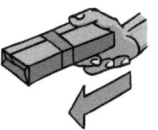

geven

geven

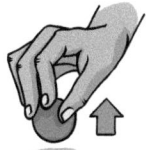

nemen

nehmen

hebben
hebben

doen
doon

zijn
sien

staan
stahn

lopen
lopen

trekken
trecken

gooien
smieten

vallen
fallen

liggen
liggen

wachten
töven

dragen
dregen

zitten
sitten

aankleden
antrecken

slapen
slapen

ontwaken
opwaken

kijken naar	wenen	aaien
ankieken	wenen	eien

kammen	praten	begrijpen
kämmen	snacken	verstahn

vragen	luisteren	drinken
fragen	hören	drinken

eten	opruimen	houden van
eten	oprümen	leefhebben

koken	rijden	vliegen
kaken	fohren	flegen

zeilen

segeln

rekenen

reken

Lezen

lesen

leren

lehren

werken

arbeiden

trouwen

de Plünnen tohoopsmieten

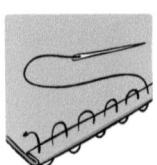

naaien

neihen

tandenpoetsen

Tähnen putzen

doden

dootmaken

roken

smöken

sturen

schicken

grootmoeder
Grootmoder

grootvader
Grootvadder

vader
Vadder

moeder
Moder

baby
Winnelkind

dochter
Dochter

zoon
Söhn

gast

Gast

tante

Tant

oom

Unkel

broer

Broder

zus

Süster

lichaam
Lief

voorhoofd
Vörkopp
oog
Oog
schouder
Schuller
vinger
Finger
gezicht
Gesicht
kin
Kinn
hand
Hand
been
Been
borst
Bost
arm
Arm

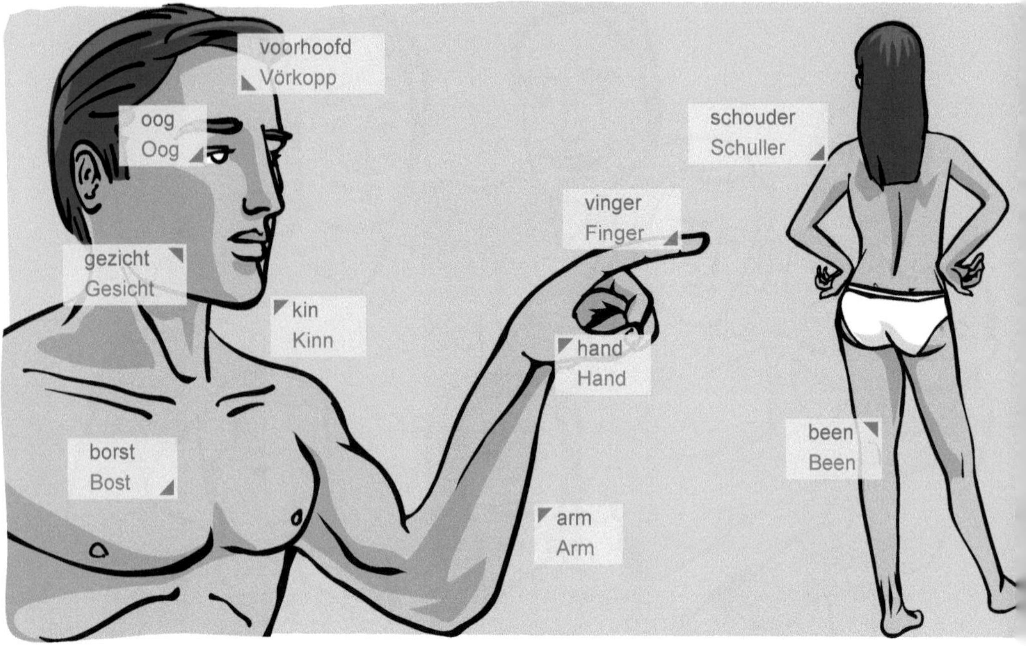

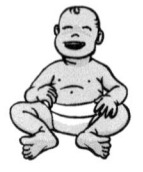

baby

Winnelkind

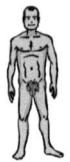

man

Mann

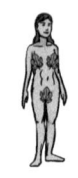

vrouw

Fro

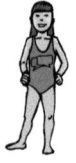

meisje

Deern

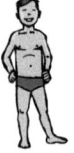

jongen

Jung

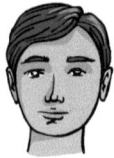

hoofd

Arm

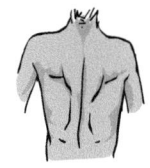

rug

Rüch

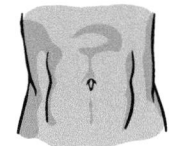

buik

Buuk

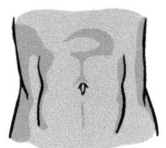

navel

Navel

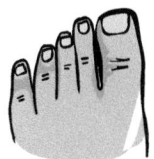

teen

Teh

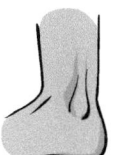

hiel

Hack

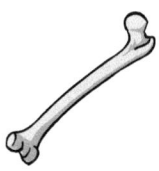

bot

Knaken

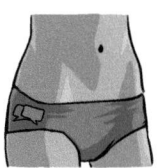

heup

Hüft

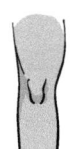

knie

Knee

elleboog

Ellbagen

neus

Nees

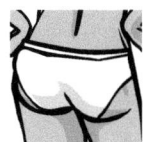

zitvlak

Achtersen

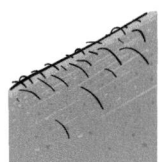

huid

Huut

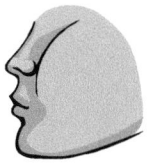

wang

Back

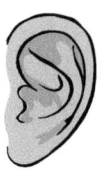

oor

Ohr

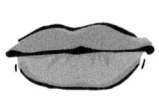

lip

Lipp

mond

Mund

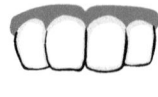

tand

Tähn

tong

Tung

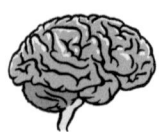

hersenen

Bregen

hart

Hart

spier

Muskel

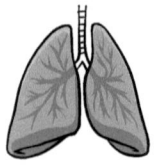

long

Lung

lever

Lever

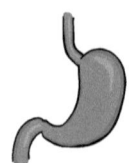

maag

Maag

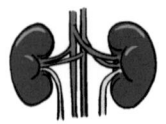

nieren

Neren

seks

Bislaap

condoom

Kondoom

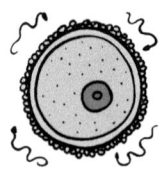

eicel

Eizell

sperma

Sperma

zwangerschap

Anner Ümstänn

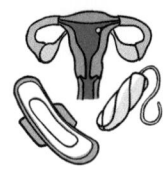

menstruatie

Menstruatschoon

vagina

Scheed

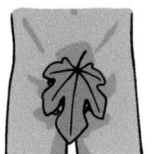

penis

Pint

wenkbrauw

Ogenbroe

haar

Hoor

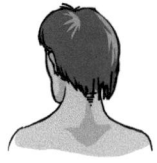

nek

Hals

ziekenhuis
Krankenhuus

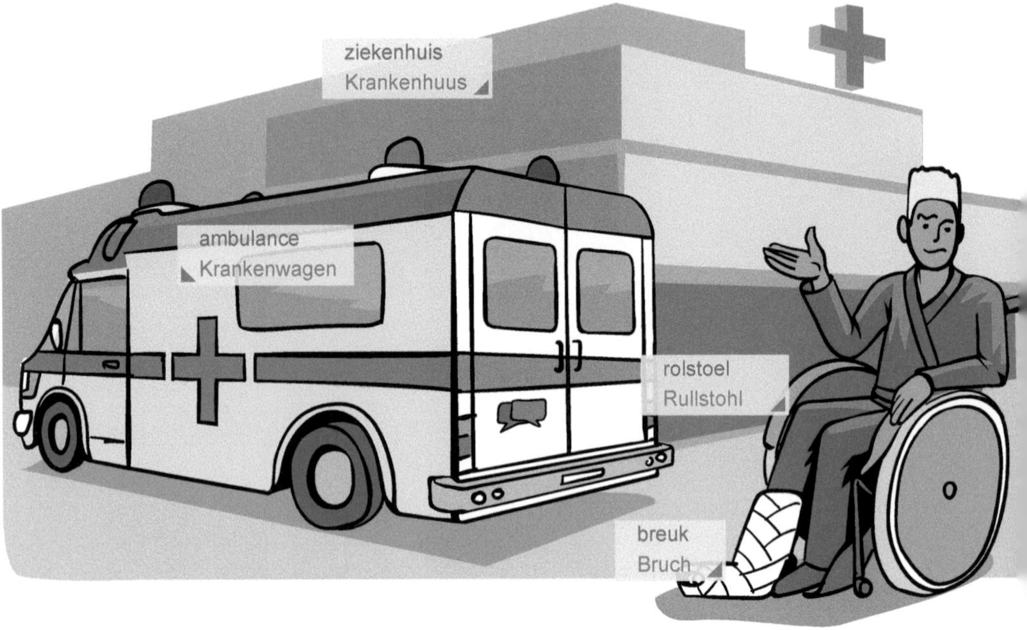

ziekenhuis
Krankenhuus
ambulance
Krankenwagen
rolstoel
Rullstohl
breuk
Bruch

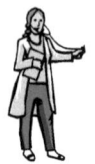

dokter

Dokter

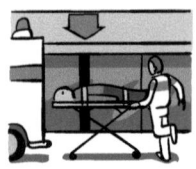

spoed

Nootopnahm

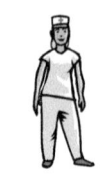

verpleegkundige

Krankensüster

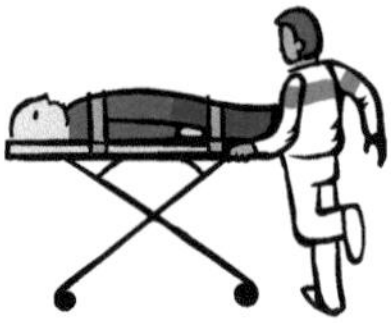

noodgeval

Nootfall

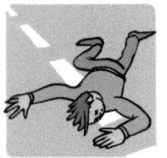

bewusteloos

ahnmächtig

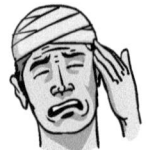

pijn

Wehdaag

verwonding

Verwunnen

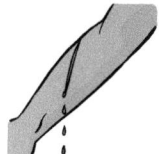

bloeding

Blöden

hartaanval

Hartinfarkt

beroerte

Slaganfall

allergie

Allergie

hoest

Hoosten

koorts

Fever

griep

Gripp

diarree

Dörchfall

hoofdpijn

Koppwehdaag

kanker

Kreeft

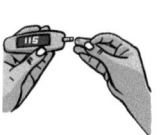

diabetes

Zuckersüük

chirurg

Chirurg

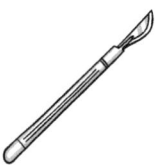

scalpel

Chirurgsch Mess

operatie

Operatschoon

CT

CT

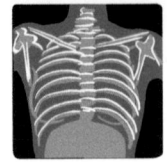

röntgenstraal

Dörchlüchten

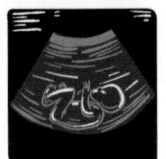

ultrageluid

Ultraschall

gezichtsmasker

Mask

ziekte

Krankheit

wachtkamer

Töövruum

kruk

Krück

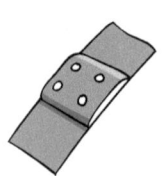

pleister

Plaaster

verband

Verband

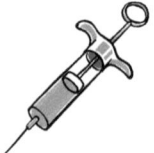

injectie

Insprütten

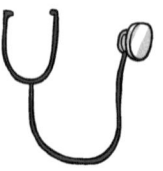

stethoscoop

Stethoskop

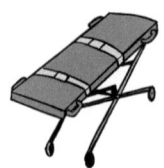

brancard

Draag

thermometer

Feverthermometer

geboorte

Geboort

overgewicht

Övergewicht

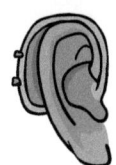

hoorapparaat

Höörapparat

ontsmettingsmiddel

Kiemfriemiddel

infectie

Ansteken

virus

Virus

HIV / AIDS

HIV / AIDS

medicijn

Heelmiddel

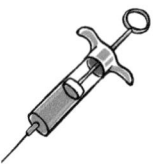

vaccinatie

Impen

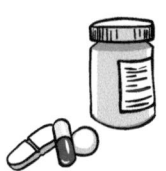

tabletten

Tabletten

pil

Pill

noodoproep

Nootroop

bloeddrukmeter

Blootdruck-Meter

ziek / gezond

krank / gesund

Help!

Hölp!

alarm

Alarm

overval

Överfall

aanval

Angreep

gevaar

Gefohr

nooduitgang

Nootutgang

Brand!

Füer!

brandblusser

Füerlöscher

ongeval

Unfall

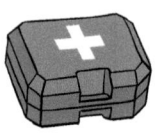

EHBO-kit

Noothölpkoffer

SOS

SOS

politie

Polizei

Europa

Europa

Noord-Amerika

Noordamerika

Zuid-Amerika

Süüdamerika

Afrika

Afrika

Azië

Asien

Australië

Australien

Atlantische Oceaan

Atlantik

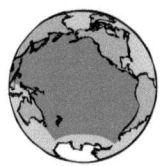

Stille Oceaan

Pazifik

Indische Oceaan

Indisch Weltmeer

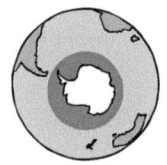

Antarctische Oceaan

Antarktisch Weltmeer

Arctische Oceaan

Arktisch Weltmeer

Noordpool

Noordpol

Zuidpool
....
Süüdpol

Antarctica
....
Antarktis

aarde
....
Eerd

land
....
Land

zee
....
See

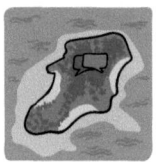

eiland
....
Eiland

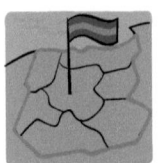

natie
....
Natschoon

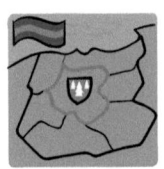

staat
....
Staat

wijzerplaat

Tallenblatt

uurwijzer

Stunnenwieser

minuutwijzer

Minutenwieser

secondewijzer

Sekunnenwieser

Hoe laat is het?

Wo laat is dat?

dag

Dag

tijd

Tiet

nu

nu

digitale horloge

digetaalsch Klock

minuut

Minuut

uur

Stunn

week

Week

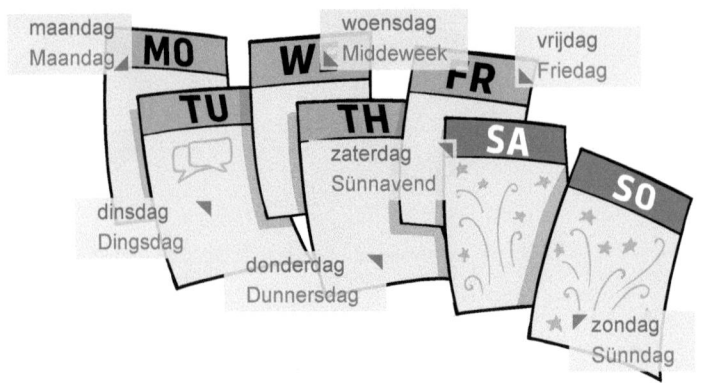

maandag
Maandag

woensdag
Middeweek

vrijdag
Friedag

dinsdag
Dingsdag

donderdag
Dunnersdag

zaterdag
Sünnavend

zondag
Sünndag

gisteren

güstern

vandaag

hüüt

morgen

morgen

ochtend

Morgen

middag

Meddag

avond

Avend

werkdagen

Arbeitsdaag

weekend

Wekenenn

jaar
Johr

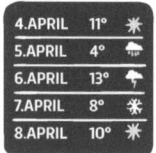

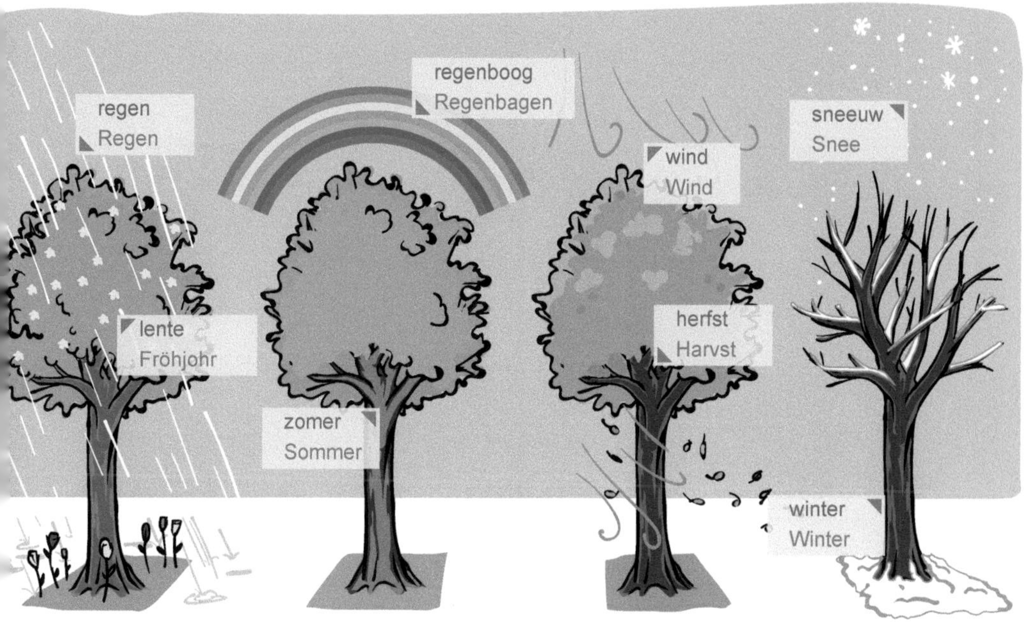
regen
Regen
regenboog
Regenbagen
sneeuw
Snee
wind
Wind
lente
Fröhjohr
herfst
Harvst
zomer
Sommer
winter
Winter

4.APRIL 11°
5.APRIL 4°
6.APRIL 13°
7.APRIL 8°
8.APRIL 10°

weervoorspelling

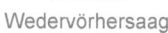

Wedervörhersaag

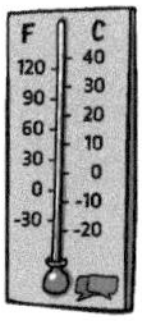
F
C
120
90
60
30
0
-30
40
30
20
10
0
-10
-20

thermometer

Thermometer

zonneschijn

Sünnenschien

wolk

Wulk

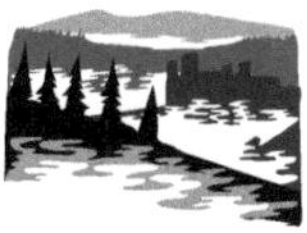

mist

Nevel

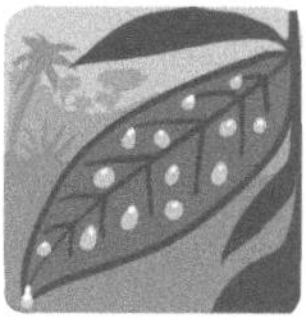

vochtigheid

Luftfuchtigkeit

bliksem

Blitz

donder

Dunner

storm

Storm

hagel

Hagel

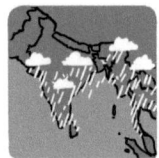

moesson

Monsun

overstroming

Floot

ijs

Ies

januari

Januormaand

februari

Februormaand

maart

Martmaand

april

Aprilmaand

mei

Maimaand

juni

Junimaand

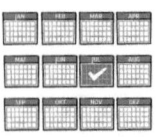

juli

Julimaand

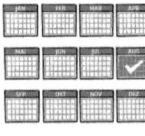

augustus

Augustmaand

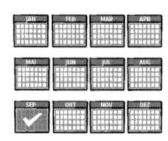

september
....
Septembermaand

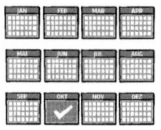

oktober
....
Oktobermaand

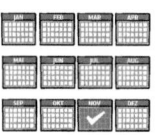

november
....
Novembermaand

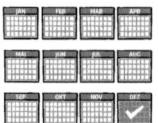

december
....
Dezembermaand

vormen
Formen

cirkel
....
Krink

kwadraat
....
Quadrat

rechthoek
....
Rechteck

driehoek
....
Dreeeck

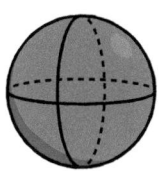

bol
....
Kugel

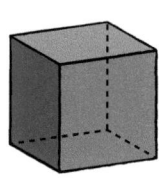

kubus
....
Wörpel

wit

witt

geel

geel

oranje

orangsch

roze

pink

rood

root

paars

lila

blauw

blau

groen

gröön

bruin

bruun

grijs

gries

zwart

swart

veel / weinig

veel / wenig

boos / kalm

böös / verdreeglich

mooi / lelijk

smuck / mies

begin / einde

Begünn / Enn

groot / klein

groot / lütt

licht / donker

hell / düüster

broer / zus

Broder / Süster

proper / vuil

schier / schietig

volledig / onvolledig

kumpleet / nich kumpleet

dag / nacht

Dag / Nacht

dood / levend

doot / lebennig

breed / smal

breet / small

eetbaar / oneetbaar

geneetbor / nich geneetbor

kwaadaardig / vriendelijk

böös / fründlich

opgewonden / verveeld

fickerig / langwielt

dik / dun

dick / dünn

eerst / laatst

toeerst / toletzt

vriend / vijand

Fründ / Fiend

vol / leeg

vull / leddig

hard / zacht

hart / week

zwaar / licht

swoor / licht

honger / dorst

Smacht / Döst

ziek / gezond

krank / gesund

illegaal / legaal

nich na't Recht / na't Recht

intelligent / dom

klook / dummerhaftig

links / rechts

linkerhand / rechterhand

dichtbij / veraf

neeg / feern

nieuw / gebruikt

nieg / bruukt

niets / iets

nix / wat

oud / jong

oolt / jung

aan / uit

an / ut

open / dicht

apen / slaten

stil / luid

lies / luut

rijk / arm

riek / arm

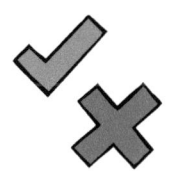

juist / fout

richtig / verkehrt

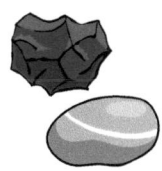

ruw / glad

ruug / glatt

droevig / blij

trurig / glücklich

kort / lang

kort / lang

traag / snel

suutje / flink

nat / droog

natt / dröög

warm / koud

warm / köhl

oorlog / vrede

Krieg / Freden

Tallen

0	**1**	**2**
nul	één	twee
null	een	twee
3	**4**	**5**
drie	vier	vijf
dree	veer	fief
6	**7**	**8**
zes	zeven	acht
söss	söven	acht
9	**10**	**11**
negen	tien	elf
negen	teihn	ölven

12	**13**	**14**
twaalf	dertien	veertien
twölf	dörteihn	veerteihn

15	**16**	**17**
vijftien	zestien	zeventien
föffteihn	sössteihn	söventeihn

18	**19**	**20**
achtien	negentien	twintig
achtteihn	negenteihn	twintig

100	**1.000**	**1.000.000**
honderd	duizend	miljoen
hunnert	dusend	million

Talen
Spraken

Engels

Engelsch

Amerikaans Engels

Amerikaansch Engelsch

Chinees (Mandarijn)

Chineesch Mandarin

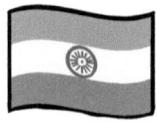

Hindi

Hindi

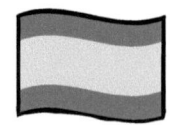

Spaans

Spaansch

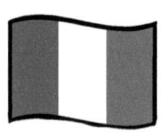

Frans

Franzöösch

Arabisch

Araabsch

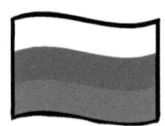

Russisch

Rusch

Portugees

Portugiesch

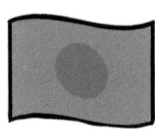

Bengali

Bengaalsch

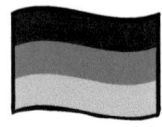

Duits

Düütsch

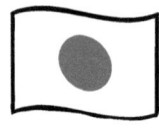

Japans

Japaansch

ik
ik

u
du

hij / zij / het
he / se / dat

wij
wi

u
ji

ze
se

wie?
keen?

wat?
wat?

hoe?
woans?

waar?
woneem?

wanneer?
wannehr?

naam
Naam

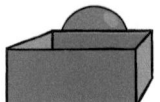

achter

achter

in

in

voor

vör

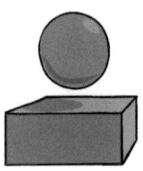

boven

över

op

op

onder

ünner

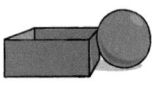

naast

blangen

tussen

twüschen

plaats

Oort